sekolah - skola	2
berjalan - resa	5
pengangkutan - transport	8
bandar - stad	10
landskap - landskap	14
restoran - restaurang	17
pasar raya - stormarknad	20
minuman - drycker	22
makanan - mat	23
ladang - bondgård	27
rumah - hus	31
ruang tamu - vardagsrum	33
dapur - kök	35
bilik air - badrum	38
bilik kanak-kanak - barnrum	42
pakaian - kläder	44
pejabat - kontor	49
ekonomi - ekonomi	51
pekerjaan - yrken	53
alat - verktyg	56
alat muzik - musikinstrument	57
zoo - zoo	59
sukan - sport	62
aktiviti - aktiviteter	63
keluarga - familj	67
badan - kropp	68
hospital - sjukhus	72
kecemasan - nödsituation	76
bumi - Jorden	77
jam - klocka	79
minggu - vecka	80
tahun - år	81
bentuk - former	83
warna - färger	84
berlawanan - motsatser	85
nombor - siffror	88
bahasa-bahasa - språk	90
siapa / apa / bagaimana - vem / vad / hur	91
di mana - var	92

Impressum
Verlag: BABADADA GmbH, Nedderfeld 112 , 22529 Hamburg
Geschäftsführer / Verlags eitung: Harald Hof
Druck: Books on Demand GmbH, In de Tarpen 42, 22848 Norderstedt

Imprint
Publisher: BABADADA GmbH, Nedderfeld 112 , 22529 Hamburg, Germany
Managing Director / Publishing direction: Harald Hof
Print: Books on Demand GmbH, In de Tarpen 42, 22848 Norderstedt, Germany

sekolah
skola

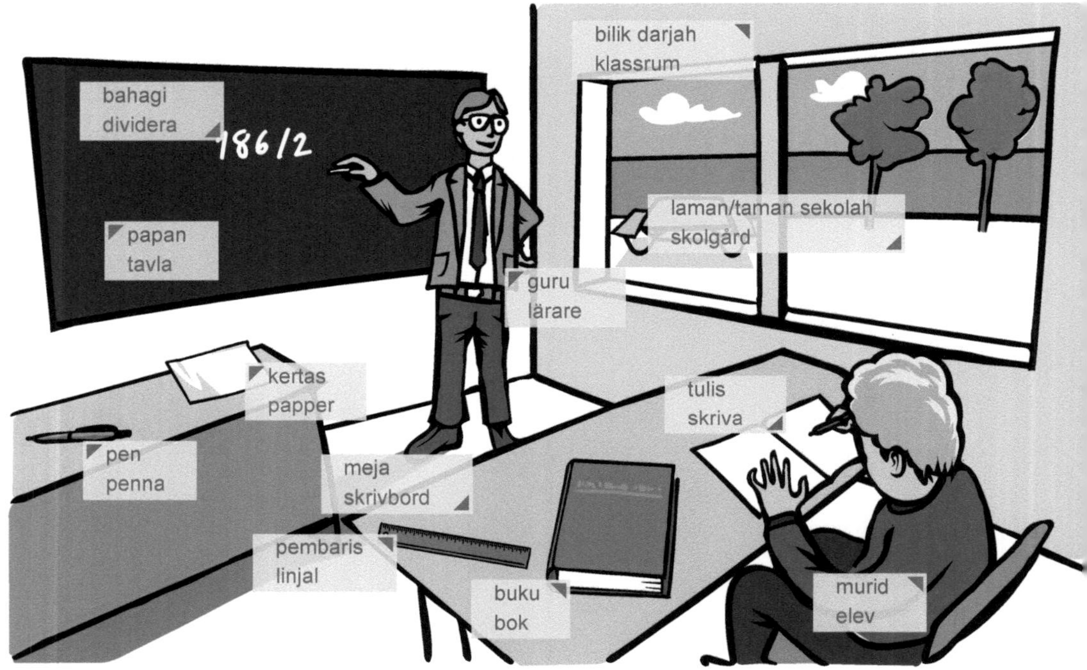

bilik darjah
klassrum
bahagi
dividera
186/2
papan
tavla
laman/taman sekolah
skolgård
guru
lärare
kertas
papper
tulis
skriva
pen
penna
meja
skrivbord
pembaris
linjal
buku
bok
murid
elev

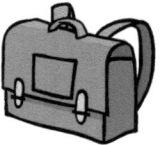

beg galas

skolväska

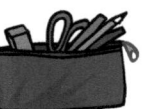

kotak pensel

pennfodral

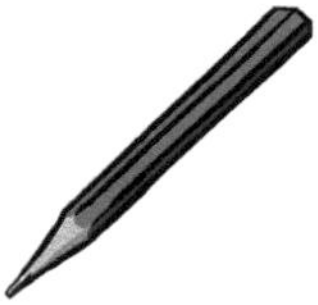

pensel

blyertspenna

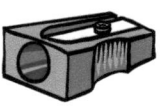

pengasah pensel

pennvässare

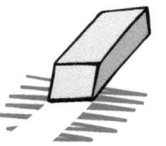

pemadam

suddgummi

kertas lukisan

ritblock

melukis

teckning

berus lukis

pensel

kotak warna

målarlåda

gunting

sax

gam

lim

buku latihan

övningsbok

kerja rumah

hemläxa

12

nombor

tal

2+2

tambah

addera

5-2

tolak

subtrahera

2×2

darab

multiplicera

kira

räkna

A

huruf

bokstav

ABCDEFG HIJKLMN OPQRSTU VWXYZ

abjad

alfabet

hello

kata

ord

teks

text

baca

läsa

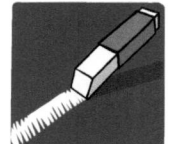

kapur

krita

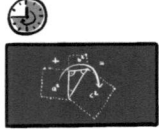

pelajaran

lektion

daftar

register

peperiksaan

prov

sijil

intyg

uniform sekolah

skoluniform

pendidikan

utbildning

ensiklopedia

uppslagsverk

universiti

universitet

mikroskop

mikroskop

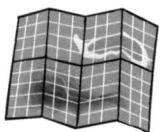

peta

karta

bakul sampah

papperskorg

berjalan
resa

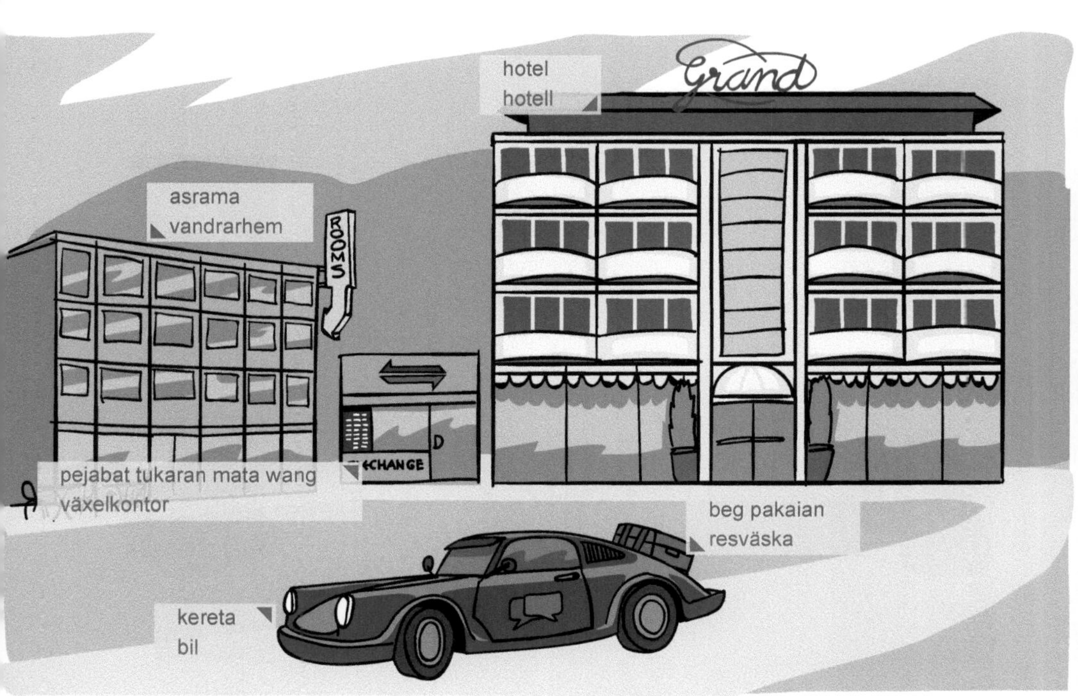

hotel
hotell
Grand
asrama
vandrarhem
ROOMS
EXCHANGE
pejabat tukaran mata wang
växelkontor
beg pakaian
resväska
kereta
bil

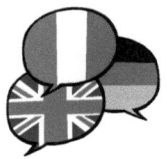

bahasa
....
språk

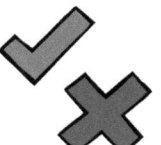

ya / tidak
....
ja / nej

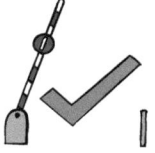

okey
....
Okay

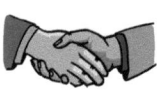

helo
....
hej

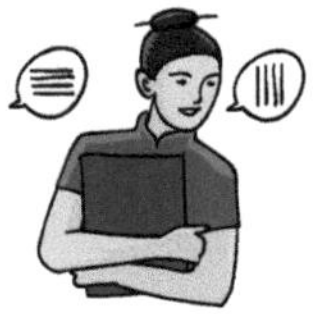

penterjemah
....
översättare

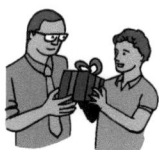

Terima kasih
....
Tack

berapa banyak...?

hur mycket kostar...?

saya tidak faham

jag förstår inte

masalah

problem

Selamat petang!

God kväll!

Selamat Pagi!

God morgon!

Selamat Malam!

God natt!

selamat tinggal

hejdå

arah

riktning

bagasi

bagage

beg

väska

beg galas

ryggsäck

tetamu

gäst

bilik tidur

rum

beg tidur

sovsäck

khemah

tält

maklumat pelancong

turistinformation

pantai

strand

kad kredit

kreditkort

sarapan

frukost

makan tengah hari

lunch

makan malam

middag

tiket

biljett

lif

hiss

setem

frimärke

sempadan

gräns

kastam

tull

kedutaan

ambassad

visa

visum

pasport

pass

pengangkutan
transport

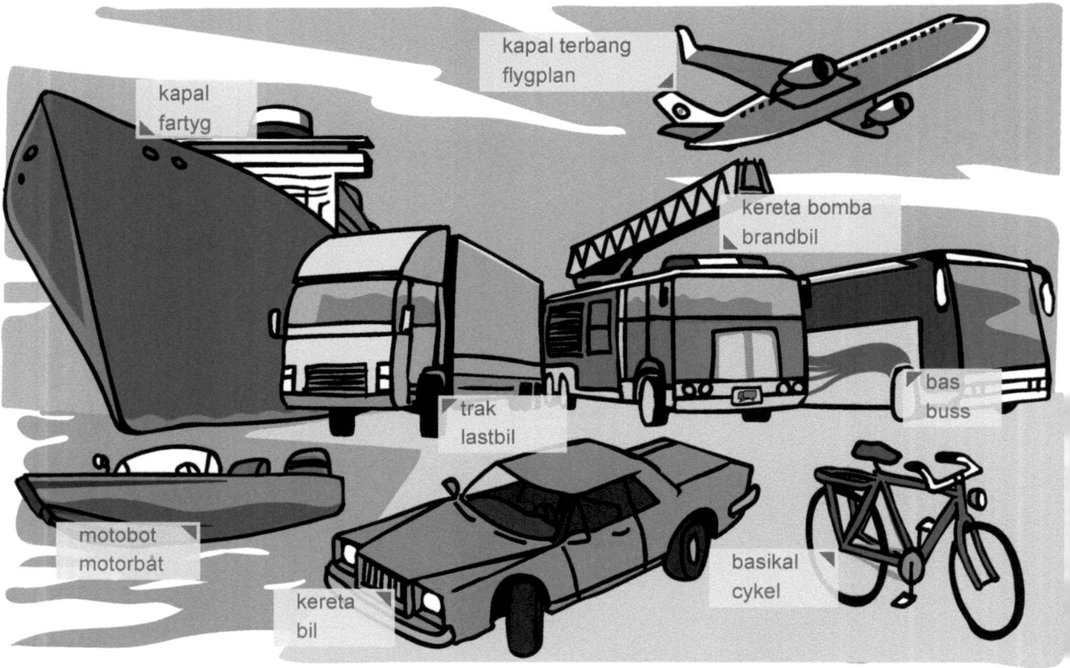

kapal terbang
flygplan
kapal
fartyg
kereta bomba
brandbil
trak
lastbil
bas
buss
motobot
motorbåt
basikal
cykel
kereta
bil

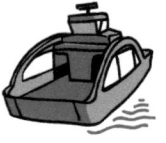

feri

färja

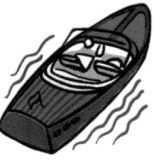

bot

båt

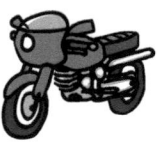

motosikal

motorcykel

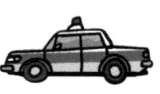

kereta polis

polisbil

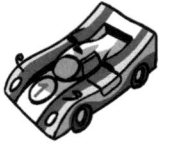

kereta lumba

racerbil

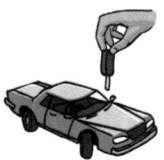

kereta sewa

hyrbil

berkongsi kereta

bilpool

trak tunda

bärgningsbil

trak menolak

sopbil

motor

motor

bahan api

bränsle

stesen minyak

bensinstation

tanda trafik

vägmärke

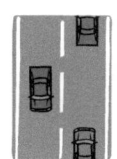

trafik

trafik

kesesakan lalu lintas

bilkö

tempat parkir

parkeringsplats

stesen kereta api

tågstation

trek

räls

kereta api

tåg

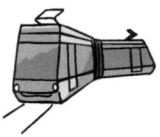

trem

spårvagn

gerabak

vagn

helikopter
helikopter

lapangan terbang
flygplats

Menara
torn

penumpang
passagerare

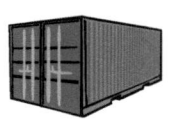

bekas
container

kadbod
kartong

kart
vagn

bakul
korg

berlepas / mendarat
starta / landa

bandar

stad

kampung
by

pusat bandar
centrum

rumah
hus

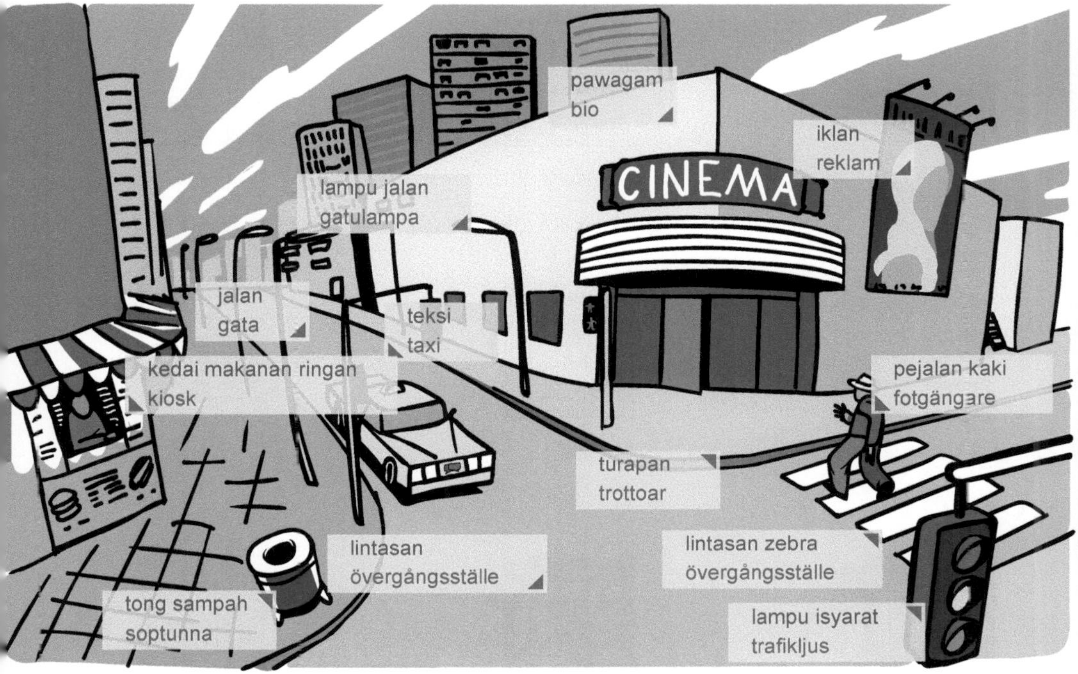

pawagam
bio

iklan
reklam

lampu jalan
gatulampa

CINEMA

jalan
gata

teksi
taxi

kedai makanan ringan
kiosk

pejalan kaki
fotgängare

turapan
trottoar

lintasan
övergångsställe

lintasan zebra
övergångsställe

tong sampah
soptunna

lampu isyarat
trafikljus

pondok

stuga

flat

lägenhet

stesen kereta api

tågstation

dewan bandar

stadshus

muzium

museum

sekolah

skola

universiti

universitet

bank

bank

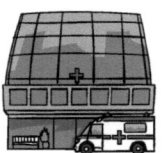

hospital

sjukhus

hotel

hotell

farmasi

apotek

pejabat

kontor

kedai buku

bokhandel

kedai

affär

kedai bunga

blomsterbutik

pasar raya

stormarknad

pasaran

marknad

gedung

varuhus

penjual ikan

fiskhandlare

pusat membeli-belah

köpcentrum

pelabuhan

hamn

taman

park

bangku

bänk

jambatan

brygga

tangga

trappa

bawah tanah

tunnelbana

terowong

tunnel

hentian bas

busshållplats

bar

bar

restoran

restaurang

peti surat

brevlåda

papan tanda jalan

gatuskylt

meter parkir

parkeringsautomat

zoo

zoo

kolam renang

simbassäng

masjid

moské

ladang
bondgård

pencemaran
förorening

tanah perkuburan
kyrkogård

gereja
kyrka

taman permainan
lekplats

kuil
tempel

landskap
landskap

daun
löv

tiang tanda
vägskylt

jalan
väg

padang rumput
äng

batu
sten

pejalan kaki
liftare

pokok
träd

sungai
flod

rumput
gräs

bunga
blomma

lembah

dal

bukit

kulle

tasik

sjö

hutan

skog

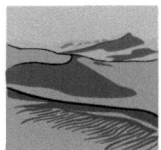

padang pasir

öken

gunung berapi

vulkan

istana

slott

pelangi

regnbåge

cendawan

svamp

pokok kelapa sawit

palm

nyamuk

mygga

terbang

fluga

semut

myra

lebah

bi

labah-labah

spindel

kumbang

skalbagge

katak

groda

tupai

ekorre

landak

igelkott

arnab

hare

burung hantu

uggla

burung

fågel

angsa

svan

babi jantan

vildsvin

rusa

rådjur

moose

älg

empangan

damm

turbin angin

vindkraftverk

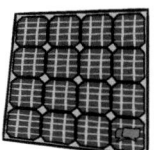

panel solar

solcellspanel

iklim

klimat

restoran
restaurang

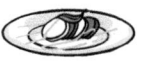

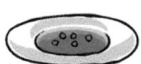

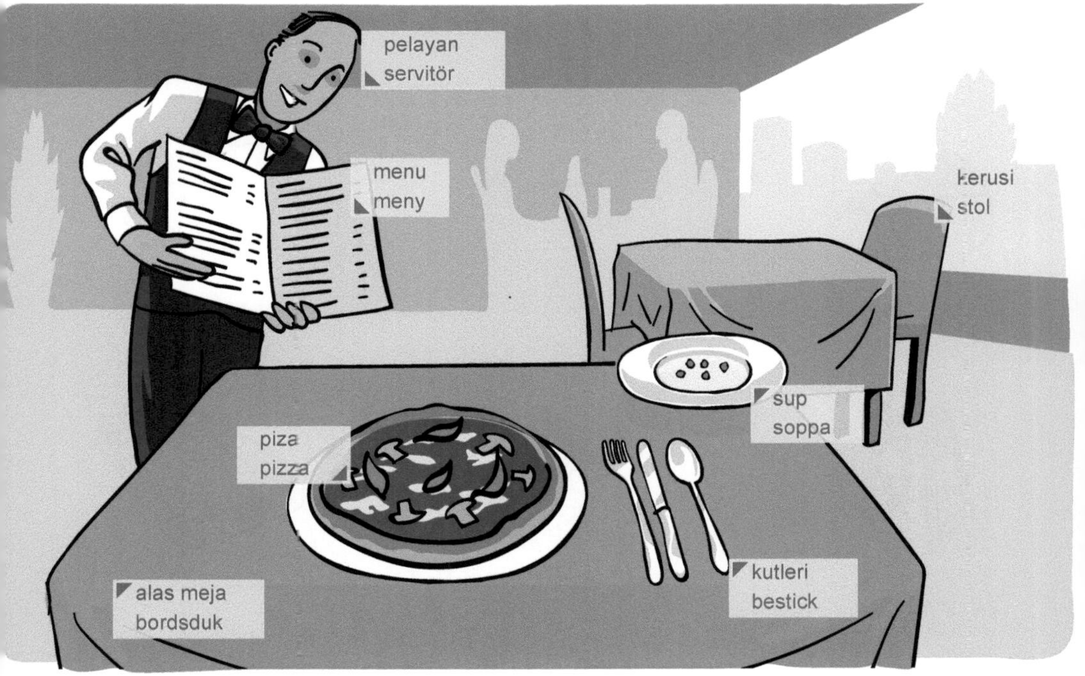

pelayan
servitör
menu
meny
kerusi
stol
sup
soppa
piza
pizza
kutleri
bestick
alas meja
bordsduk

pemula
förrätt

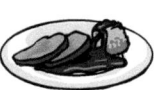

hidangan utama
huvudrätt

pencuci mulut
dessert

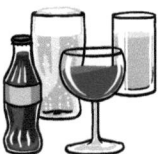

minuman
drycker

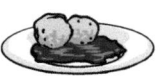

makanan
mat

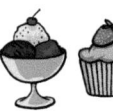

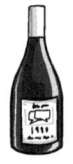

botol
flaska

makanan segera

snabbmat

makanan jalanan

street food

teko

tekanna

mangkuk gula

sockerskål

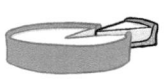

bahagian

portion

mesin espreso

espressomaskin

kerusi tinggi

barnstol

bil

räkning

dulang

bricka

pisau

kniv

garfu

gaffel

sudu

sked

sudu teh

tesked

serviette

servett

gelas

glas

pinggan

tallrik

mangkuk sup

sopptallrik

piring

tefat

sos

sås

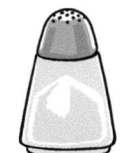

tempat garam

saltkar

pengisar lada

pepparkvarn

cuka

vinäger

minyak

olja

rempah

kryddor

sos

ketchup

mustard

senap

mayones

majonnäs

pasar raya
stormarknad

tawaran istimewa
specialerbjudande
FOR
pelanggan
kund
tenusu
mejeriprodukter
buah-buahan
frukt
troli
varukorg

BUTCHERS

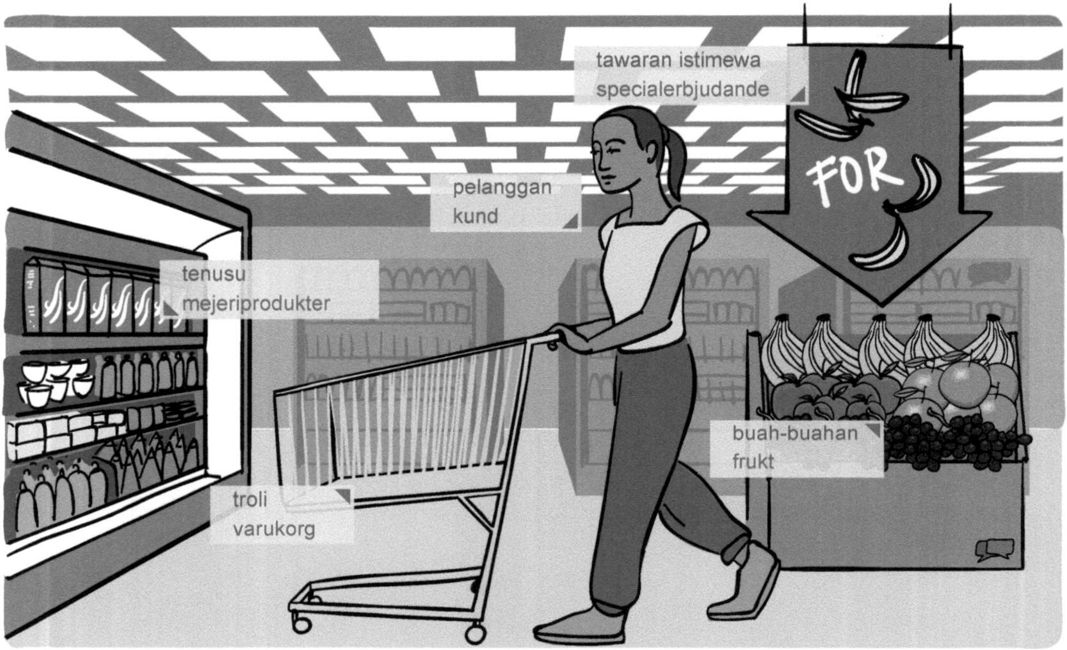

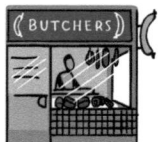

tukang daging

charkuteri

BAKERY

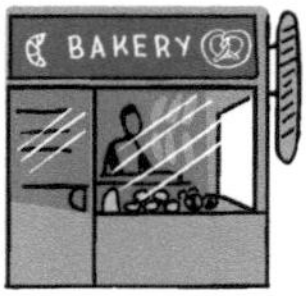

kedai roti

bageri

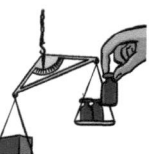

berat

väga

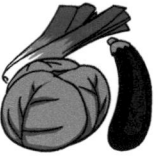

sayur-sayuran

grönsaker

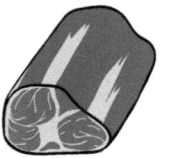

daging

kött

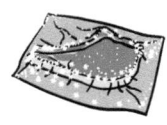

makanan sejuk beku

frysta livsmedel

daging sejuk

pålägg

makanan dalam tin

konserver

serbuk pencuci

tvättmedel

gula-gula

godis

produk isi rumah

hushållsprodukter

produk pembersihan

rengöringsmedel

orang jualan

försäljare

daftar tunai

kassa

juruwang

kassör

senarai membeli-belah

inköpslista

waktu pembukaan

öppettider

beg duit

plånbok

kad kredit

kreditkort

beg

väska

beg plastik

plastpåse

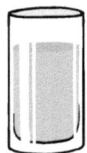

air
vatten

jus
juice

susu
mjölk

kola
cola

wain
vin

bir
öl

alkohol
alkohol

koko
kakao

the
te

kopi
kaffe

espreso
espresso

kapucino
cappuccino

pisang

banan

epal

äpple

oren

apelsin

tembikai

melon

lemon

citron

lobak merah

morot

bawang putih

vitlök

buluh

bambu

bawang

lök

cendawan

svamp

kacang

nötter

mi

nudlar

spageti
spaghetti

nasi
ris

salad
sallad

kerepek
pommes frites

kentang goreng
stekt potatis

piza
pizza

hamburger
hamburgare

sandwic
smörgås

kutlet
schnitzel

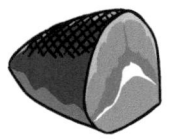

ham
skinka

salami
salami

sosej
korv

ayam
kyckling

panggang
stek

ikan
fisk

makanan - mat

bubur oat

havregryn

muesli

müsli

emping jagung

cornflakes

tepung

mjöl

kroisan

croissant

roti roll

fralla

roti

bröd

roti bakar

rostat bröd

biskut

kex

mentega

smör

dadih

kvarg

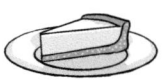

kek

kaka

telur

ägg

telur goreng

stekt ägg

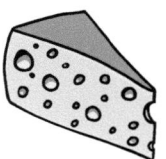

keju

ost

ais krim

glass

gula

socker

madu

honung

jem

sylt

krim nougat

nougatkräm

kari

curry

ladang
bondgård

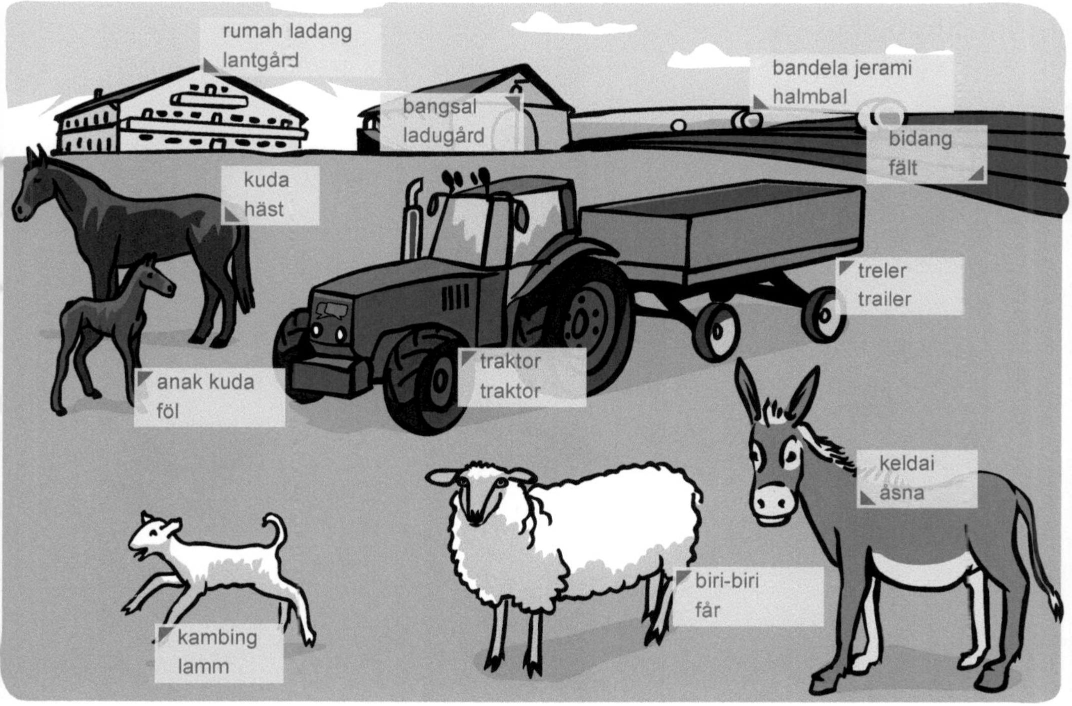

rumah ladang
lantgård
bangsal
ladugård
bandela jerami
halmbal
bidang
fält
kuda
häst
treler
trailer
traktor
traktor
anak kuda
föl
keldai
åsna
biri-biri
får
kambing
lamm

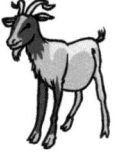

kambing

get

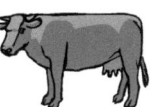

lembu

ko

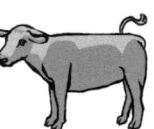

anak lembu

kalv

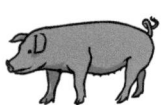

babi

gris

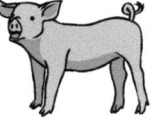

anak babi

griskulting

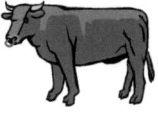

lembu

tjur

angsa

gås

itik

anka

anak ayam

kyckling

ayam betina

höna

ayam jantan muda

tupp

tikus

råtta

kucing

katt

tikus

mus

lembu jantan

oxe

anjing

hund

rumah anjing

hundkoja

hos taman

trädgårdsslang

bekas siraman

vattenkanna

sabit

lie

bajak

plog

sabit

skära

cangkul

hacka

serampang peladang

högaffel

kapak

yxa

kereta sorong

skottkärra

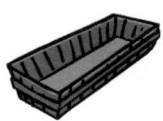

palung

tråg

tin susu

mjölkflaska

karung

säck

pagar

staket

stabil

stall

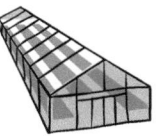

rumah hijau

växthus

tanah

jord

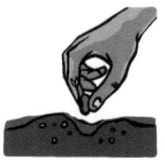

benih

säd

baja

gödsel

jentuai

skördetröska

tuai

skörda

menuai

skörd

keladi

jams

gandum

vete

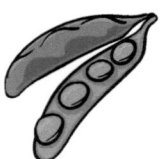

soya

soja

kentang

potatis

jagung

majs

biji sawi

raps

pokok buah-buahan

fruktträd

ubi kayu

maniok

bijirin

spannmål

ladang - bondgård

rumah
hus

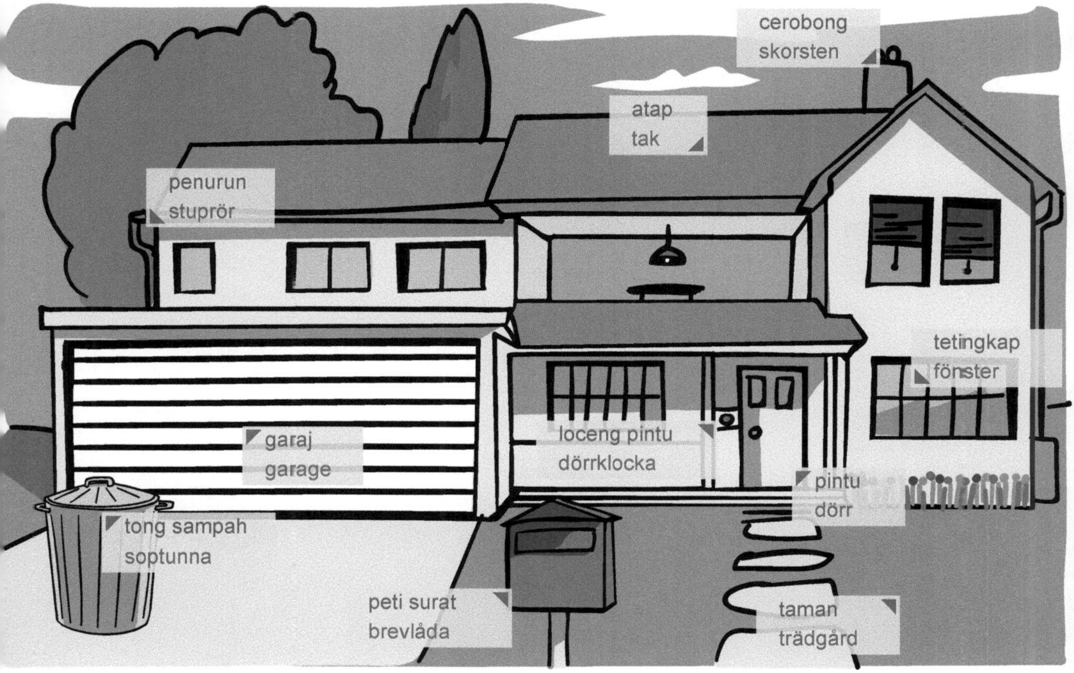

cerobong
skorsten
atap
tak
penurun
stupрör
tetingkap
fönster
loceng pintu
dörrklocka
garaj
garage
pintu
dörr
tong sampah
soptunna
peti surat
brevlåda
taman
trädgård

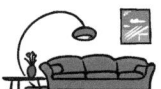

ruang tamu
vardagsrum

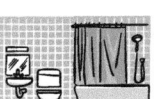

bilik air
badrum

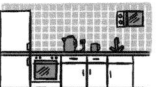

dapur
kök

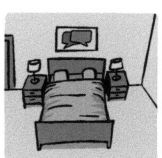

bilik tidur
sovrum

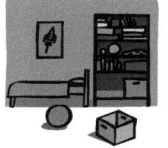

bilik kanak-kanak
barnrum

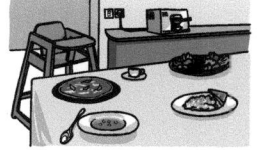

ruang makan
matsal

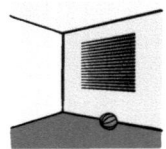

lantai
golv

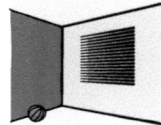

dinding
vägg

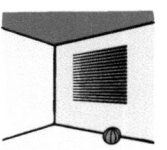

siling
tak

bilik bawah tanah
källare

sauna
bastu

balkoni
balkong

teres
terrass

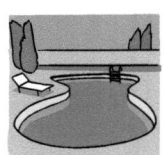

kolam renang
bassäng

pemotong rumput
gräsklippare

lembaran
lakan

penutup tilam
överkast

katil
säng

penyapu
kvast

timba
hink

suis
strömbrytare

ruang tamu
vardagsrum

kertas dinding
tapet
gambar
bild
lampu
lampa
rak
hylla
kabinet
skåp
televisyen
TV
pendiangan
eldstad
bunga
blomma
kusyen
kudde
sofa
soffa
pasu
vas
alat kawalan jauh
fjärrkontroll

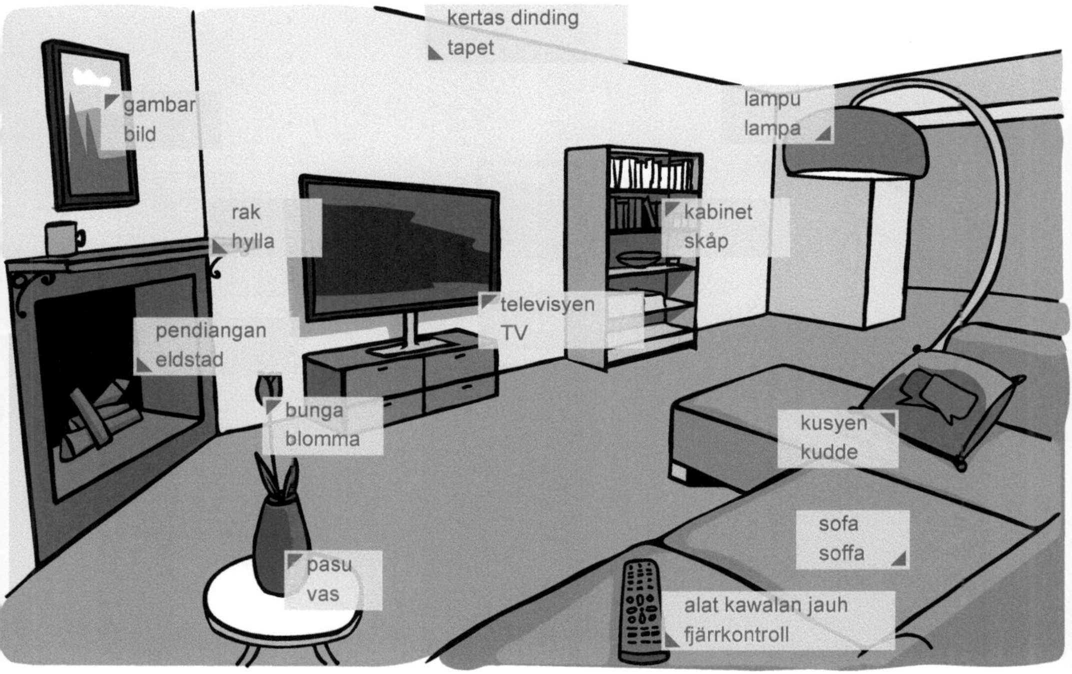

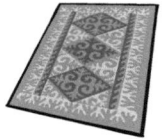

permaidani
matta

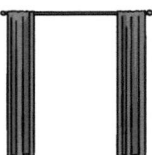

tirai
gardin

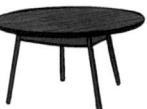

meja
bord

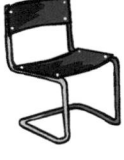

kerusi
stol

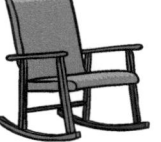

kerusi malas
gungstol

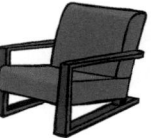

kerusi
fåtölj

buku

bok

selimut

filt

hiasan

dekoration

kayu api

vedträ

filem

film

hi-fi

stereoanläggning

kunci

nyckel

akhbar

dagstidning

lukisan

målning

poster

poster

radio

radio

buku catatan

anteckningsbok

penyedut habuk

dammsugare

kaktus

kaktus

lilin

stearinljus

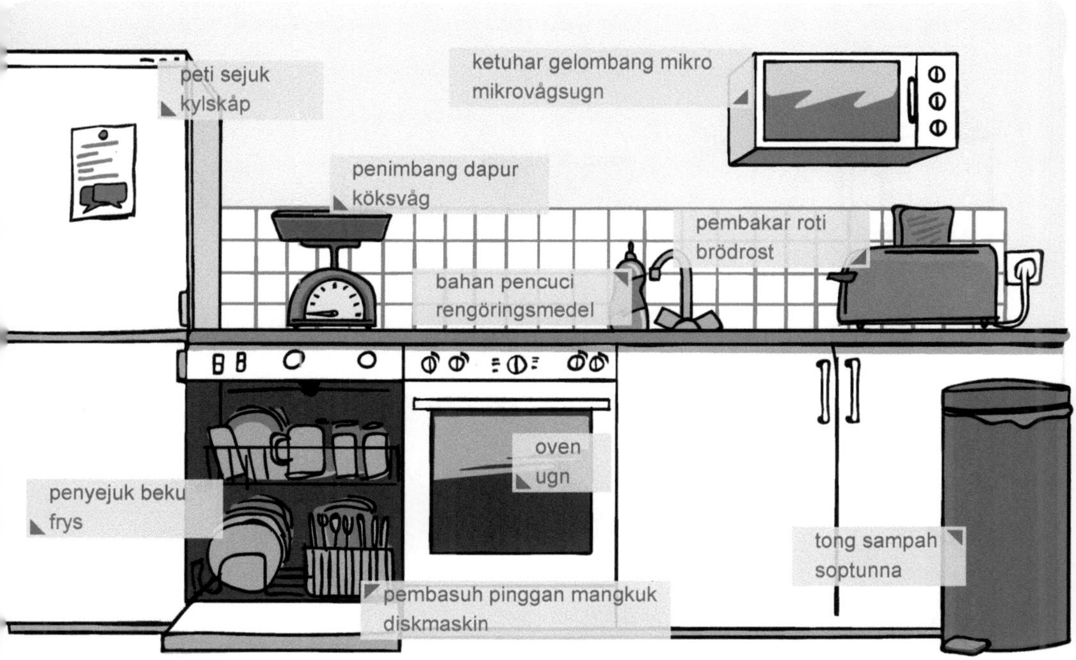

peti sejuk
kylskåp

ketuhar gelombang mikro
mikrovågsugn

penimbang dapur
köksvåg

pembakar roti
brödrost

bahan pencuci
rengöringsmedel

oven
ugn

penyejuk beku
frys

tong sampah
soptunna

pembasuh pinggan mangkuk
diskmaskin

periuk dapur
....
spis

periuk
....
kastrull

periuk besi
....
järngryta

kuali
....
wok / kadai

pan
....
stekpanna

cerek
....
vattenkokare

pengukus

ångkokare

dulang pembakar

bakplåt

pinggan mangkuk

porslin

koleh

mugg

mangkuk

skål

penyepit

ätpinnar

senduk

soppslev

spatula

stekspade

pengadun

visp

penapis

durkslag

ayak

sil

pemarut

rivjärn

mortar

mortel

barbeku

grill

pembakaran terbuka

brasa

papan pencincang

skärbräda

pin golekan

kavel

skru gabus

korkskruv

tin

burk

pembuka tin

burköppnare

pemegang periuk

grytlapp

sinki

vask

berus

borste

span

svamp

pengisar

mixer

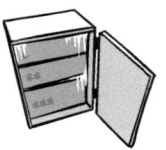

penyejuk beku

frys

botol bayi

nappflaska

paip

kran

bilik air

badrum

pemanasan
värme
tuala
handduk
mandi
dusch
tirai mandi
duschdraperi
mandi buih
bubbelbad
tab mandi
badkar
gelas
glas
mesin basuh
tvättmaskin
paip
kran
jubin
kakel
tandas
potta
sinki
vask

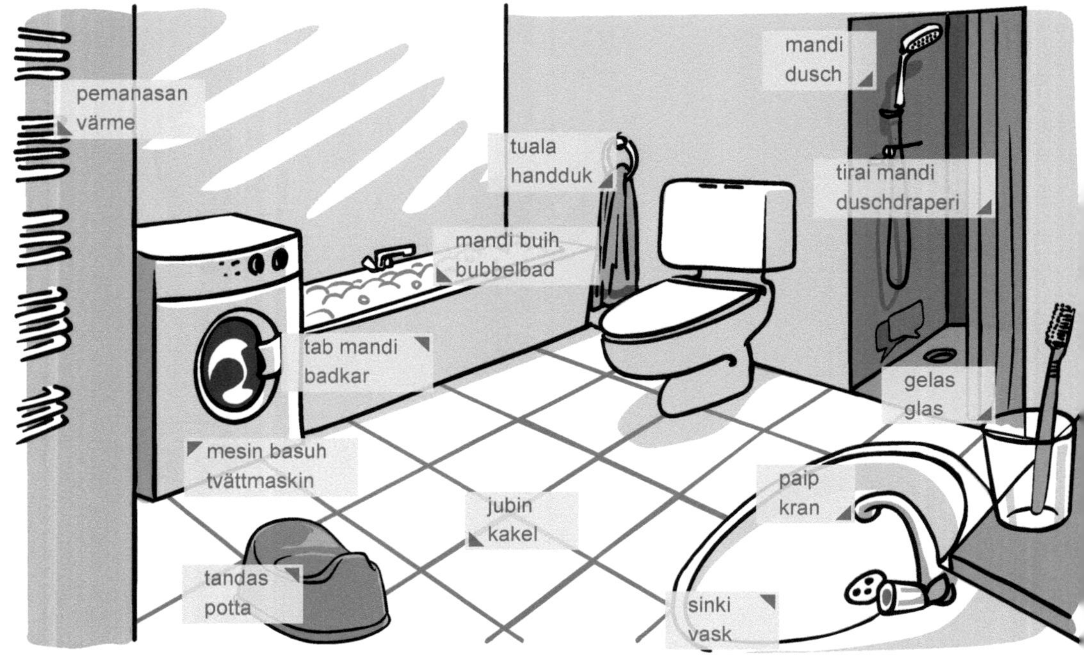

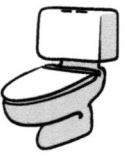

tandas

toalett

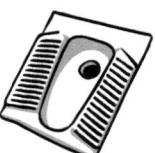

tandas mencangkung

låg toalett

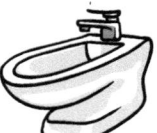

mangkuk tandas

bidet

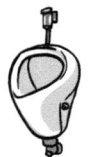

tandas awam

pissoar

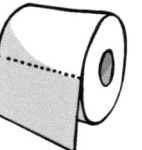

kertas tandas

toalettpapper

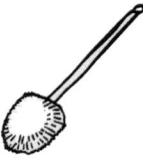

berus tandas

toalettborste

berus gigi

tandborste

ubat gigi

tandkräm

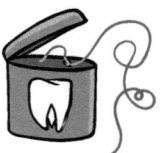

flos gigi

tandtråd

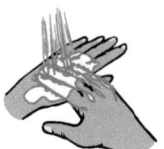

cuci

tvätta

mandian tangan

handdusch

pancuran

intimdusch

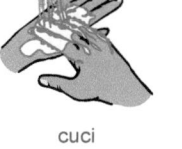

besen

handfat

belakang berus

ryggborste

sabun

tvål

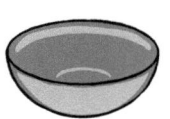

gel mandian

duschgel

syampu

schampo

flanel

trasa

longkang

avlopp

krim

crème

deodoran

deodorant

cermin

spegel

cermin tangan

handspegel

pisau cukur

rakhyvel

busa cukur

raklödder

selepas cukur

rakvatten

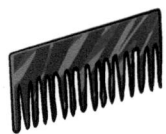

sikat

kam

berus

borste

pengering rambut

hårtork

semburan rambut

hårspray

mekap

smink

gincu

läppstift

varnis kuku

nagellack

bulu kapas

bomullsvadd

gunting kuku

nagelsax

pewangi

parfym

beg basuhan

necessär

bangku

pall

skala berat

våg

jubah mandi

badrock

sarung tangan getah

gummihandskar

kapas

tampong

tuala wanita

binda

tandas kimia

kemisk toalett

bilik kanak-kanak
barnrum

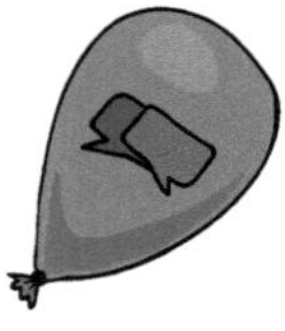

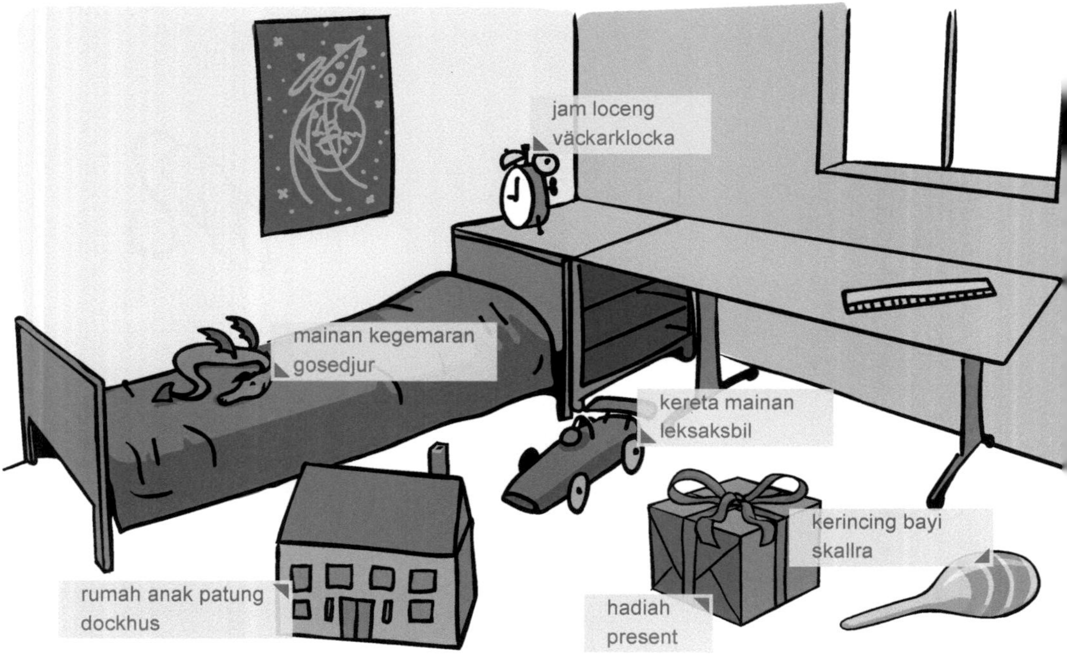
jam loceng
väckarklocka
mainan kegemaran
gosedjur
kereta mainan
leksaksbil
kerincing bayi
skallra
rumah anak patung
dockhus
hadiah
present

belon

ballong

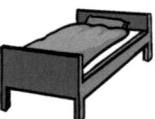

katil

säng

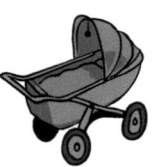

kereta sorong bayi

barnvagn

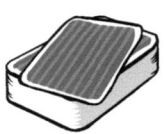

set kad

kortlek

susun suai gambar

pussel

SUPER
MEGA

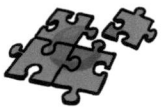

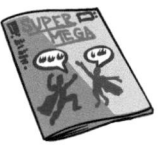

komik

serietidning

batu bata lego

legobitar

blok mainan

klossar

figura aksi

actionfigur

baju bayi

sparkdräkt

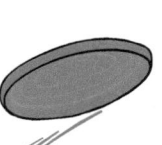

frisbee

frisbee

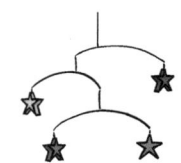

mainan bayi mudah alih

mobil

permainan papan

brädspel

dadu

tärning

set model kereta api

modelljärnväg

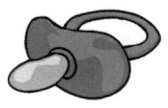

palsu

napp

parti

party

buku bergambar

bilderbok

bola

boll

anak patung

docka

main

spela

lubang pasir

sandlåda

buai

gunga

mainan

leksaker

konsol permainan video

spelkonsol

basikal roda tiga

trehjuling

anak patung beruang

nalle

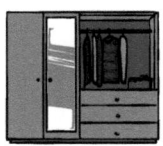

almari pakaian

garderob

pakaian
kläder

stoking

sockar

stoking

strumpor

ketat

tights

skarf
halsduk

payung
paraply

g/keselamatan

kemeja-t
t-shirt

kasut sukan
sneakers

but
stövlar

selipar
tofflor

sandal
....
sandaler

kasut
....
skor

but getah
....
gummistövlar

seluar dalam
....
underbyxor

coli
....
BH

ves
....
linne

badan
body

Seluar panjang
byxor

jean
jeans

skirt
kjol

blaus
blus

kemeja
skjorta

baju panas sarung
pullover

sweater
sweater

blazer
blazer

jaket
jacka

kot
kappa

baju hujan
regnjacka

kostum
dräkt

pakaian
klänning

baju pengantin
bröllopsklänning

sut

kostym

baju tidur

nattlinne

baju tidur

pyjamas

sari

sari

skarf kepala

slöja

serban

turban

burqa

burka

kaftan

kaftan

abaya/jubah

abaya

baju renang

baddräkt

seluar renang

badbyxor

seluar pendek

shorts

sut balapan

träningsoverall

apron

förkläde

sarung tangan

handskar

butang

knapp

cermin mata

glasögon

gelang tangan

armband

rantai leher

halsband

cincin

ring

subang

örhänge

topi

mössa

penyangkut kot

galge

topi

hatt

tali leher

slips

zip

dragkedja

topi keledar

hjälm

pendakap

hängslen

uniform sekolah

skoluniform

seragam

uniform

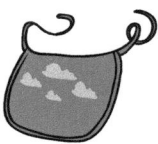

lapik dada

haklapp

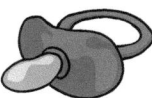

palsu

napp

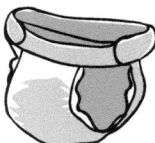

lampin

blöja

pejabat
kontor

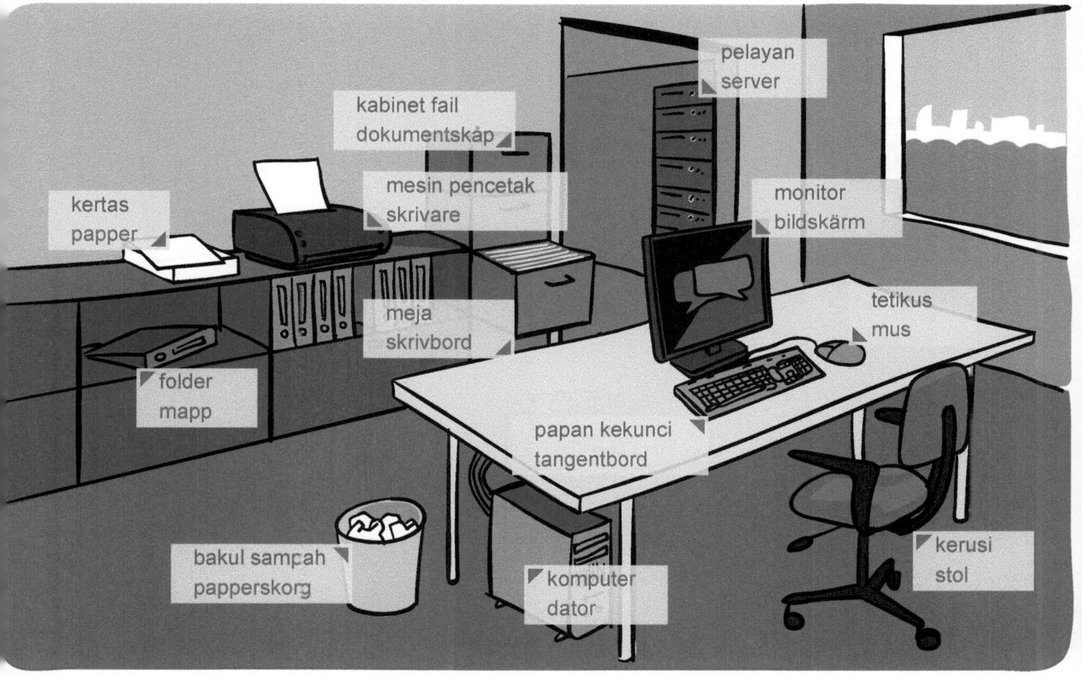

pelayan
server
kabinet fail
dokumentskåp
mesin pencetak
skrivare
kertas
papper
monitor
bildskärm
tetikus
mus
meja
skrivbord
folder
mapp
papan kekunci
tangentbord
bakul sampah
papperskorg
komputer
dator
kerusi
stol

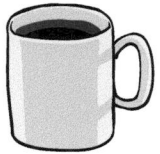

cawan kopi

kaffemugg

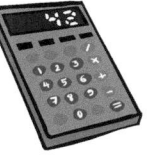

kalkulator

miniräknare

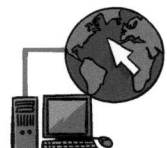

internet

internet

komputer riba

bärbar dator

surat

brev

mesej

meddelande

mudah alih

mobiltelefon

rangkaian

nätverk

mesin fotokopi

kopieringsapparat

perisian

programvara

telefon

telefon

soket plag

vägguttag

mesin faks

fax

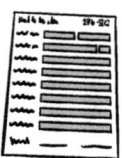

bentuk

blankett

dokumen

dokument

beli

köpa

bayar

betala

berdagang

handla

wang

pengar

dolar

dollar

euro

euro

yen

yen

rubel

rubel

franc swiss

schweizisk franc

renminbi yuan

renminbi yan

rupee

rupie

mata tunai

bankomat

pejabat tukaran mata wang

växelkontor

emas

guld

perak

silver

minyak

olja

tenaga

energi

harga

pris

kontrak

kontrakt

cukai

skatt

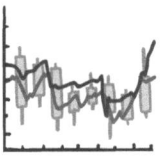

stok

aktie

kerja

arbeta

pekerja

anställd

majikan

arbetsgivare

kilang

fabrik

kedai

affär

pekerjaan
yrken

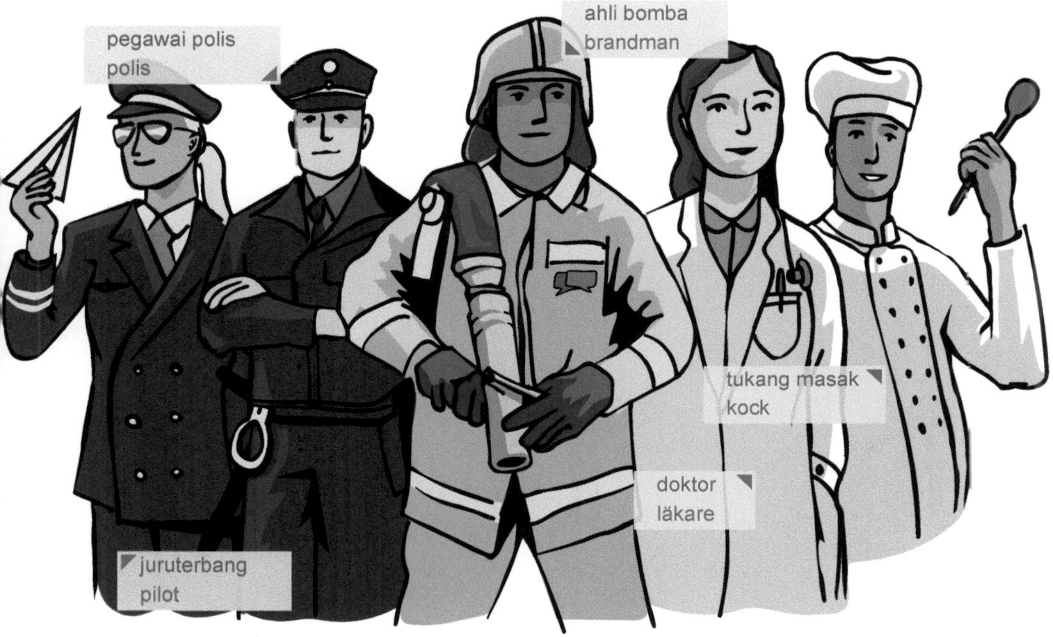
ahli bomba
brandman
pegawai polis
polis
tukang masak
kock
doktor
läkare
juruterbang
pilot

tukang kebun

trädgårdsmästare

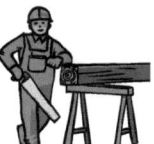

tukang kayu

snickare

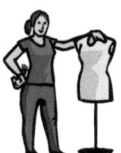

tukang jahit

sömmerska

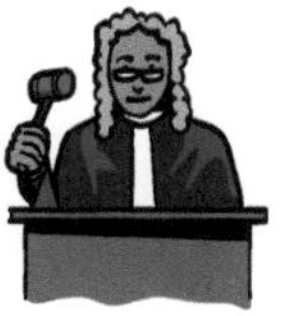

hakim

domare

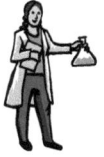

ahli kimia

kemist

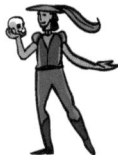

pelakon

skådespelare

pemandu bas

busschaufför

pemandu teksi

taxichaufför

nelayan

fiskare

wanita pencuci

städerska

kasau

takläggare

pelayan

servitör

pemburu

jägare

pelukis

målare

bakeri

bagare

juruelektrik

elektriker

pembangun

byggarbetare

jurutera

ingenjör

penjual daging

slaktare

tukang paip

rörmokare

posmen

brevbärare

askar

soldat

arkitek

arkitekt

juruwang

kassör

kedai bunga

florist

pendandan rambut

frisör

konduktor

konduktör

mekanik

mekaniker

kapten

kapten

doktor gigi

tandläkare

ahli sains

vetenskapsman

tuhanku

rabbin

imam

imam

sami

munk

paderi

präst

alat
verktyg

tukul
hammare
playar
tång
pemutar skru
skruvmejsel
sepana
skiftnyckel
obor
ficklampa

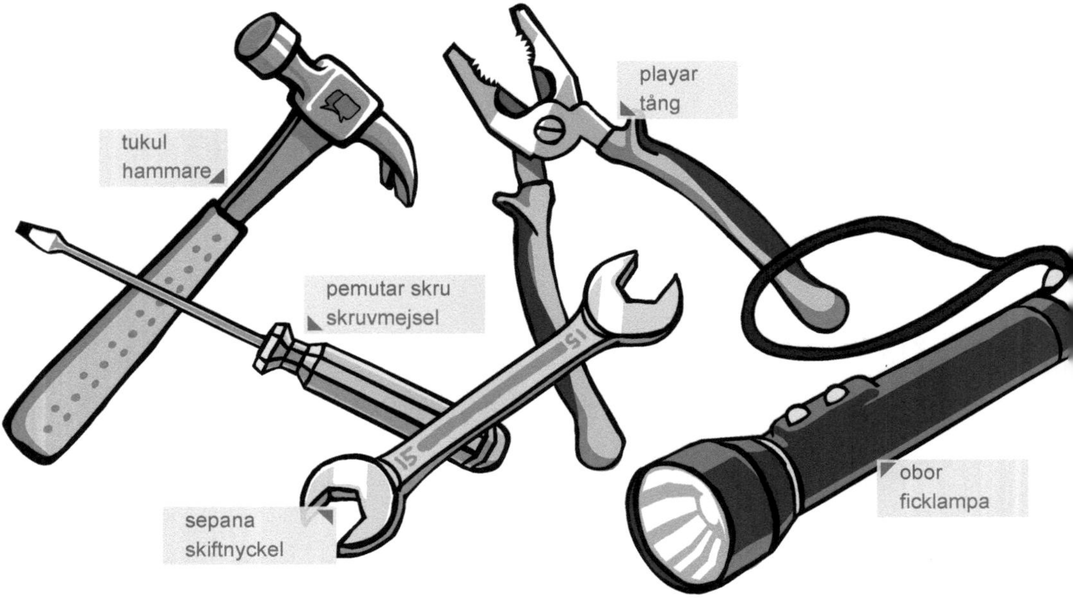

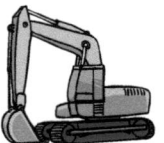

pengorek

grävmaskin

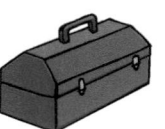

kotak peralatan

verktygslåda

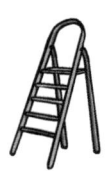

tangga

stege

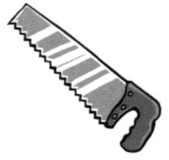

gergaji

såg

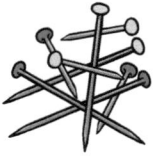

kuku

spik

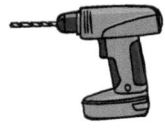

gerudi

borr

baiki

reparera

penyodok

spade

Celaka!

Helvete!

penadah sampah

sopskyffel

periuk cat

färgburk

skru

skruvar

alat muzik
musikinstrument

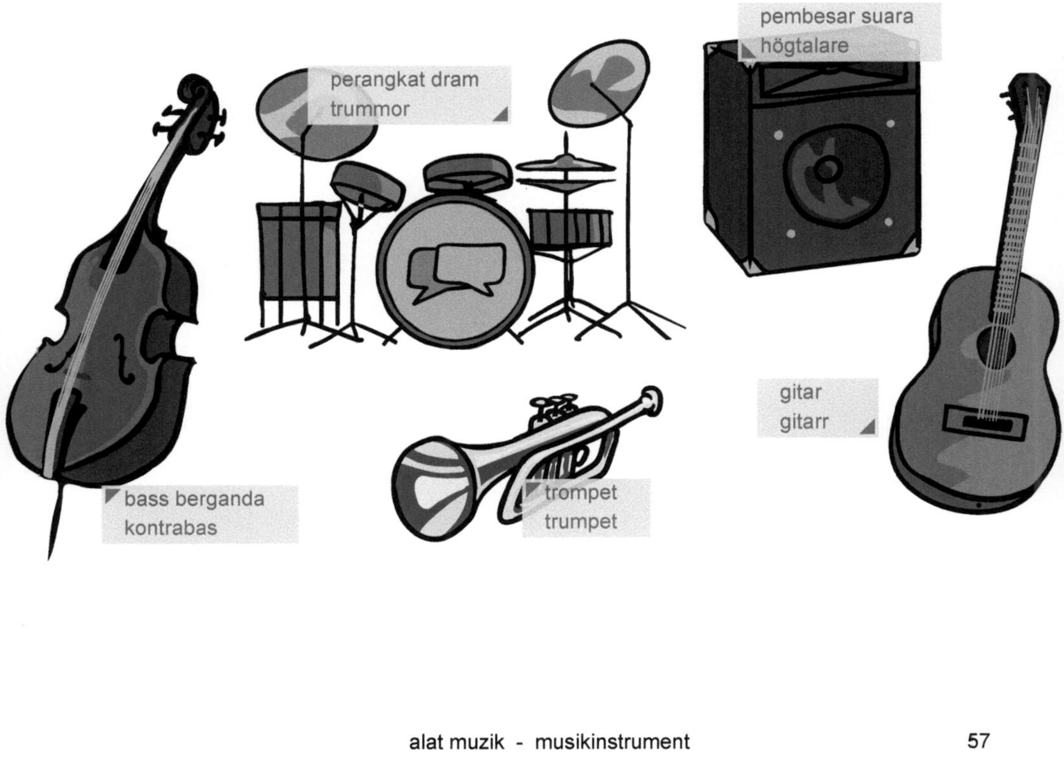

perangkat dram
trummor

pembesar suara
högtalare

gitar
gitarr

bass berganda
kontrabas

trompet
trumpet

piano
piano

biola
violin

bass
bas

timpani
timpani

dram
trumma

papan kekunci
keyboard

saksofon
saxofon

seruling
flöjt

mikrofon
mikrofon

pintu masuk
ingång

harimau
tiger

sangkar
bur

zebra
zebra

makanan haiwan
djurfoder

panda
panda

haiwan
djur

gajah
elefant

kanggaru
känguru

badak sumbu
noshörning

gorila
gorilla

beruang
björn

unta

kamel

burung unta

struts

singa

lejon

monyet

apa

flamingo

flamingo

nuri

papegoja

beruang kutub

isbjörn

penguin

pingvin

yu

haj

merak

påfågel

ular

orm

buaya

krokodil

penjaga zoo

djurskötare

anjing laut

säl

jaguar

jaguar

kuda

ponny

harimau

leopard

badak air

flodhäst

zirafah

giraff

helang

örn

babi jantan

vildsvin

ikan

fisk

penyu

sköldpadda

anjing laut

valross

musang

räv

rusa

gazell

sukan
sport

bola sepak Amerika
amerikansk fotboll

berbasikal
cykling

tenis
tennis

bola keranjang
basket

renang
simning

tinju
boxning

hoki ais
ishockey

bola sepak
·················
fotboll

badminton
·················
badminton

olahraga
·················
friidrott

bola baling
·················
handboll

ski
·················
skidåkning

polo
·················
polo

aktiviti
aktiviteter

lompat
hoppa
peluk
krama
ketawa
skratta
berjalan
gå
menyanyi
sjunga
mimpi
drömma
berdoa
be
cium
kyssa

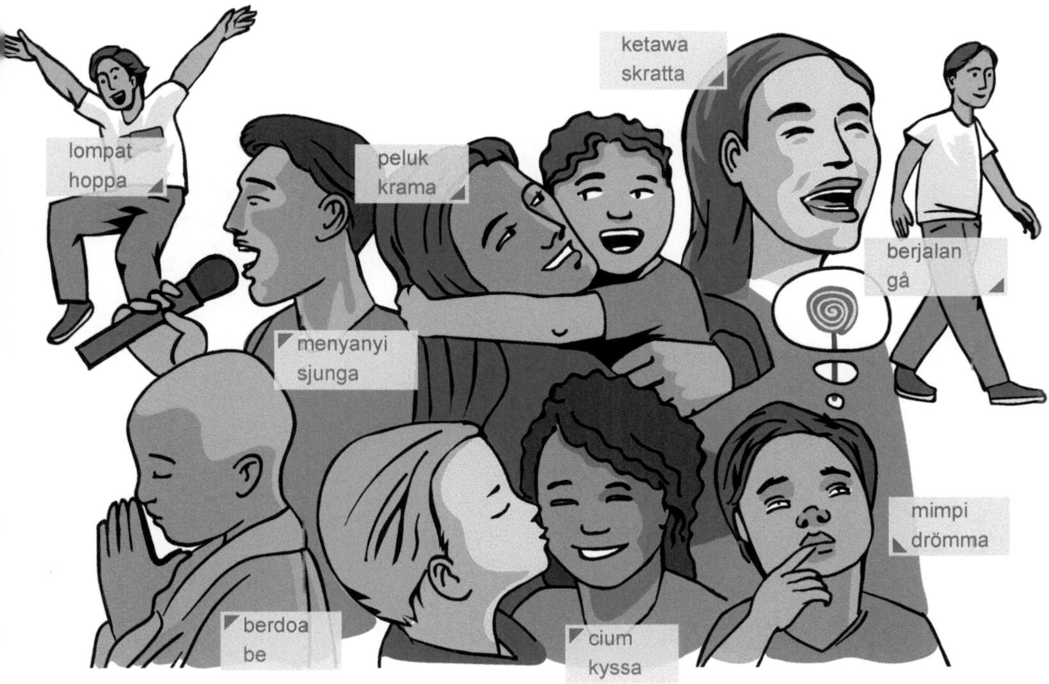

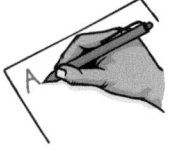

tulis

skriva

lukis

rita

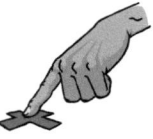

tunjuk

visa

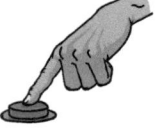

tolak

skjuta

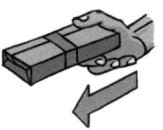

beri

ge

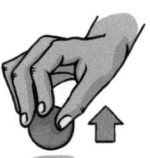

ambil

ta

ada
....
hagel

buat
....
göra

ialah
....
vara

berdiri
....
stå

lari
....
springa

tarik
....
dra

buang
....
kasta

jatuh
....
falla

tipu
....
ligga

tunggu
....
vänta

bawa
....
bära

duduk
....
sitta

pakai
....
klä på

tidur
....
sova

bangkit
....
vakna

aktiviti - aktiviteter

lihat pada

se på

menangis

gråta

strok

smeka

sikat

kamma

cakap

prata

faham

förstå

tanya

fråga

dengar

höra

minum

dricka

makan

äta

mengemas

städa

sayang

älska

masak

laga mat

pandu

köra

terbang

flyga

belayar

segla

kira

räkna

baca

läsa

belajar

lära sig

kerja

arbeta

nikah

gifta sig

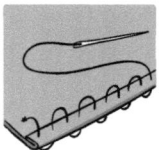

jahit

sy

memberus gigi

borsta tänderna

bunuh

döda

asap

röka

hantar

skicka

keluarga
familj

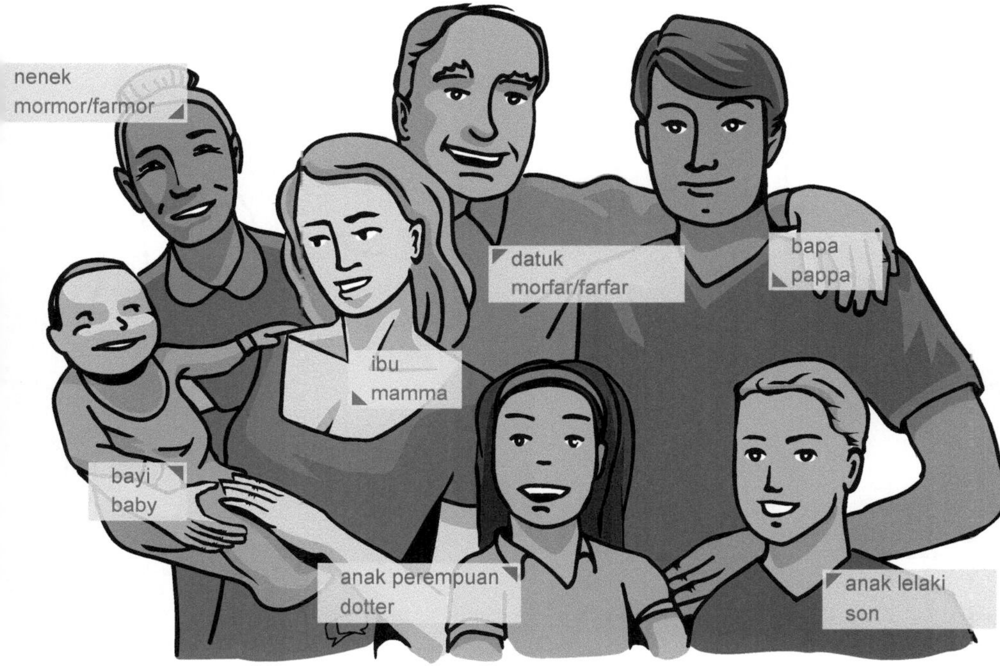
nenek
mormor/farmor
datuk
morfar/farfar
bapa
pappa
ibu
mamma
bayi
baby
anak perempuan
dotter
anak lelaki
son

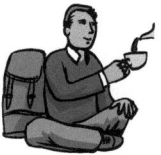

tetamu

gäst

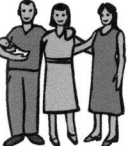

mak cik

moster/faster

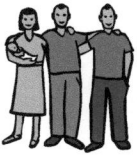

pak cik

farbror/morbror

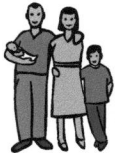

abang

bror

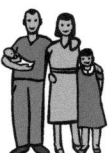

kakak

syster

badan
kropp

dahi
panna
mata
öga
bahu
skuldra
jari
finger
muka
ansikte
dagu
haka
tangan
hand
kaki
ben
dada
bröst
lengan
arm

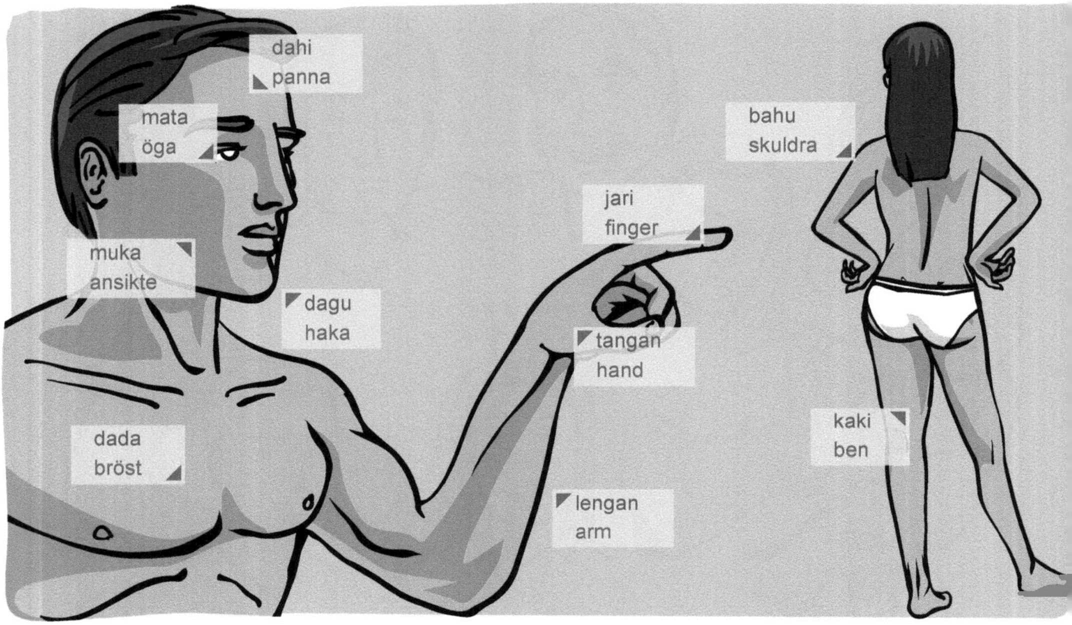

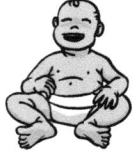

bayi

baby

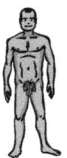

lelaki

man

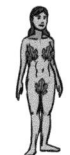

wanita

kvinna

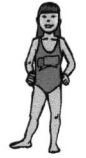

perempuan

flicka

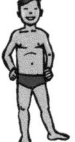

lelaki

pojke

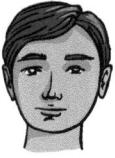

kepala

huvud

belakang
rygg

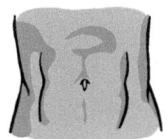

bawah perut
mage

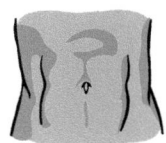

pusat
navel

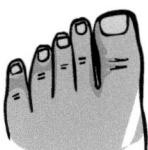

jari kaki
tå

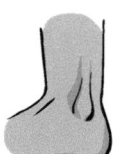

tumit
häl

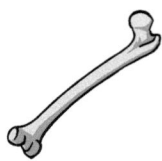

tulang
ben

pinggul
höft

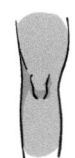

lutut
knä

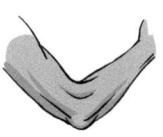

siku
armbåge

hidung
näsa

bawah
stjärt

kulit
hud

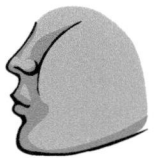

pipi
kind

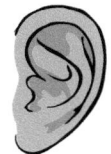

telinga
öra

bibir
läpp

mulut

mun

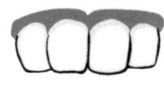

gigi

tand

lidah

tunga

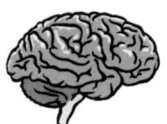

otak

hjärna

hati

hjärta

otot

muskel

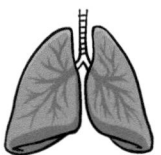

paru-paru

lunga

hati

lever

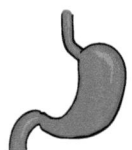

perut

magsäck

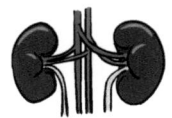

buah pinggang

njurar

seks

sex

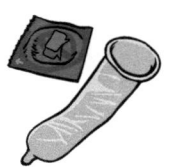

kondom

kondom

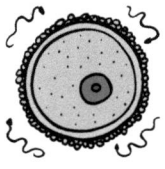

faraj

äggcell

mani

sperma

mengandung

graviditet

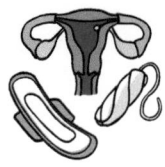

haid

menstruation

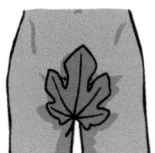

faraj

vagina

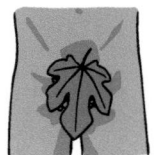

penis

penis

kening

ögonbryn

rambut

hår

leher

nacke

hospital
sjukhus

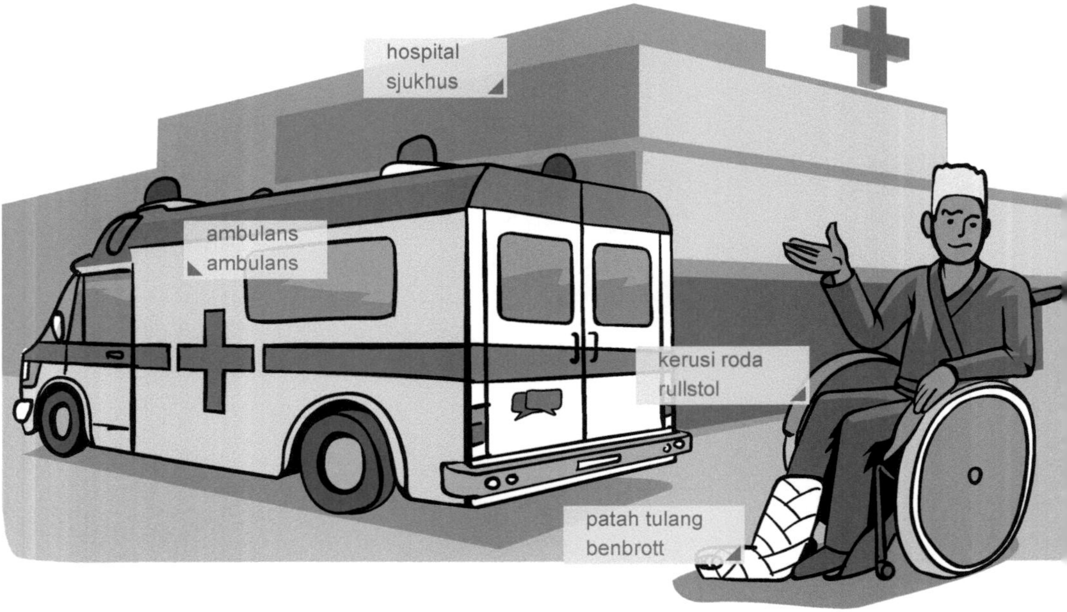

hospital
sjukhus
ambulans
ambulans
kerusi roda
rullstol
patah tulang
benbrott

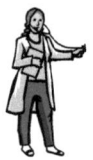

doktor

läkare

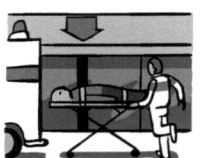

bilik kecemasan

akutmottagning

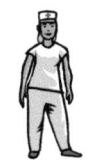

jururawat

sjuksköterska

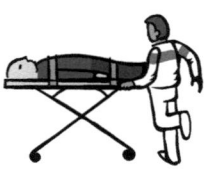

kecemasan

nödsituation

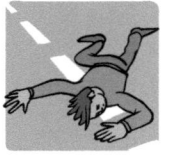

tak sedar

medvetslös

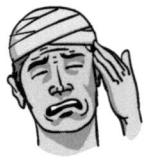

sakit

smärta

kecederaan

skada

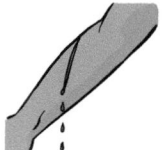

pendarahan

blödning

serangan jantung

hjärtattack

strok

slaganfall

alergi

allergi

batuk

hosta

demam

feber

selesema

influensa

cirit-birit

diarré

sakit kepala

huvudvärk

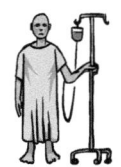

kanser

cancer

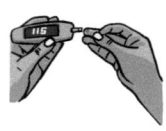

diabetes

diabetes

pakar bedah

kirurg

pisau bedah

skalpell

pembedahan

operation

CT
CT

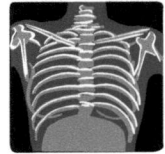

x-ray
röntgen

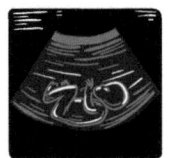

ultrabunyi
ultraljud

topeng muka
ansiktsmask

penyakit
sjukdom

bilik menunggu
väntsal

penongkat
krycka

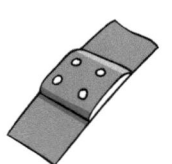

plaster
plåster

pembalut
bandage

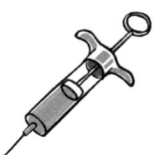

suntikan
injektion

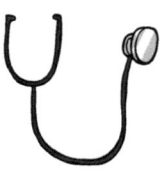

stetoskop
stetoskop

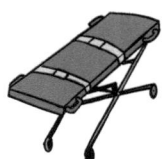

pengusung
bår

termometer klinik
termometer

kelahiran
födsel

berat badan berlebihan
övervikt

alat pendengaran

hörapparat

disinfektan

desinfektionsmedel

jangkitan

infektion

virus

virus

HIV / AIDS

HIV / AIDS

perubatan

medicin

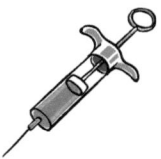

vaksinasi

vaccination

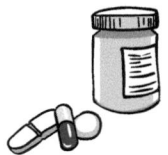

tablet

tabletter

pil

p-piller

panggilan kecemasan

nödsamtal

pantau tekanan darah

blodtrycksmätare

sakit / sihat

sjuk / frisk

Tolong!

Hjälp!

penggera

alarm

serang

överfall

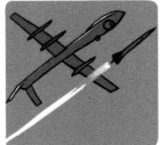

serangan

misshandel

bahaya

fara

pintu kecemasan

nödutgång

Api!

Det brinner!

alat pemadam api

brandsläckare

kemalangan

olycka

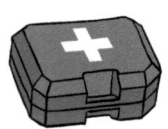

alat pertolongan cemas

förbandslåda

SOS

SOS

polis

polis

Eropah

Europa

Amerika Utara

Nordamerika

Amerika Selatan

Sydamerika

Afrika

Afrika

Asia

Asien

Australia

Australien

Atlantic

Atlanten

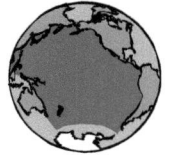

Pasifik

Stilla Havet

Lautan Hindi

Indiska Oceanen

Lautan Antartik

Antarktiska Oceanen

Lautan Artik

Arktiska Oceanen

Kutub utara

Nordpol

Kutub Selatan

Sydpol

Antartika

Antarktis

bumi

Jorden

tanah

land

laut

hav

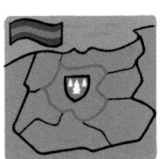

pulau

ö

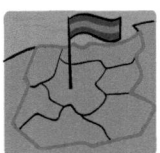

negara

nation

negeri

stat

muka jam

urtavla

tangan jam

timvisare

tangan minit

minutvisare

terpakai

sekundvisare

Jam berapa sekarang

Vad är klockan?

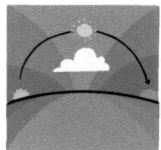

hari

dag

masa

tid

sekarang

nu

jam digital

digital klocka

minit

minut

jam

timme

minggu
vecka

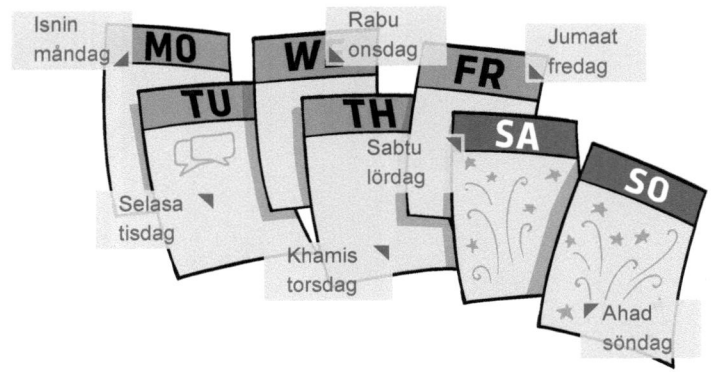

Isnin
måndag
MO

Rabu
onsdag
W

Jumaat
fredag
FR

TU

TH

SA

Selasa
tisdag

Sabtu
lördag

SO

Khamis
torsdag

Ahad
söndag

semalam

igår

hari ini

idag

esok

imorgon

pagi

morgon

tengah hari

middag

petang

kväll

MO	TU	WE	TH	FR	SA	SU
1	2	3	4	5	6	7
8	9	10	11	12	13	14
15	16	17	18	19	20	21
22	23	24	25	26	27	28
29	30	31	1	2	3	4

hari kerja

vardagar

MO	TU	WE	TH	FR	SA	SU
1	2	3	4	5	6	7
8	9	10	11	12	13	14
15	16	17	18	19	20	21
22	23	24	25	26	27	28
29	30	31	1	2	3	4

hari minggu

helg

tahun
år

hujan
regn
pelangi
regnbåge
salji
snö
angin
vind
musim bunga
vår
musim luruh
höst
musim panas
sommar
musim salji
vinter

4.APRIL 11°
5.APRIL 4°
6.APRIL 13°
7.APRIL 8°
8.APRIL 10°

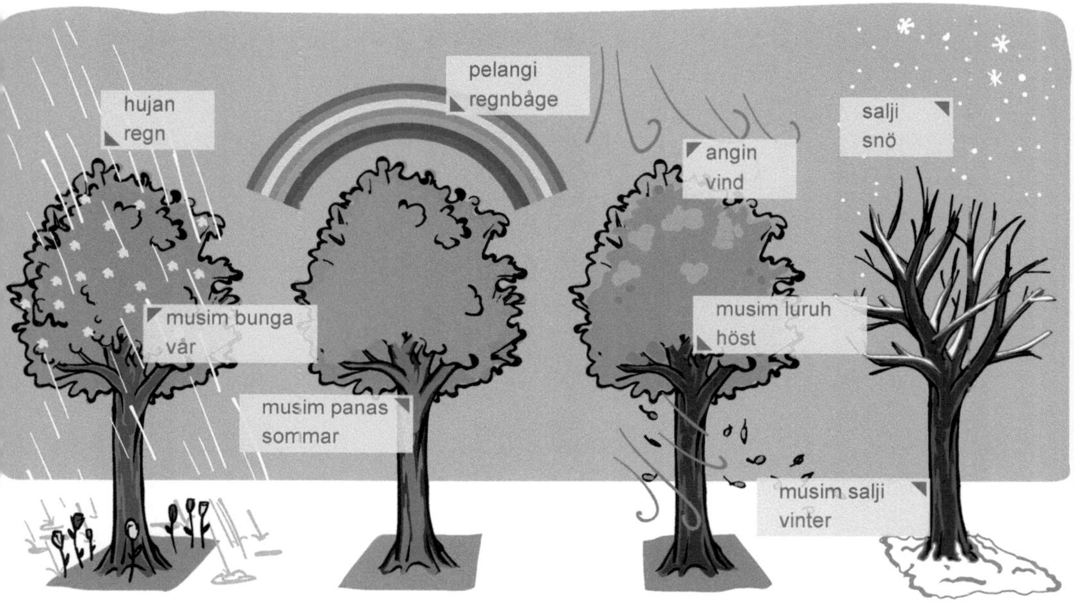

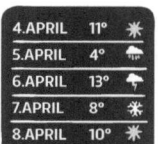

ramalan cuaca

väderprognos

F C
120 40
90 30
60 20
30 10
0 0
-30 -10
-20

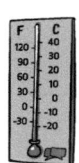

termometer

termometer

sinar matahari

solsken

awan

moln

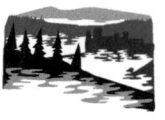

kabus

dimma

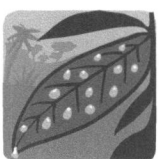

lembapan

luftfuktighet

kilat

blixt

petir

åska

ribut

storm

hujan batu

hagel

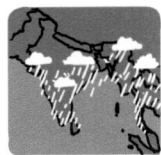

monsun

monsun

banjir

översvämning

ais

is

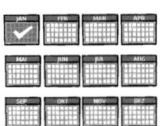

Januari

januari

Februari

februari

Mac

mars

April

april

Mei

maj

Jun

juni

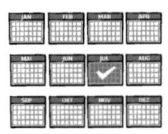

Julai

juli

Ogos

augusti

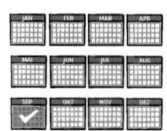

September
september

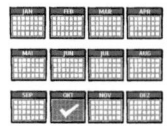

Oktober
oktober

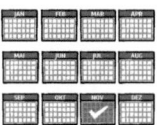

November
november

Disember
december

bulatan
cirkel

petak
kvadrat

segi empat tepat
rektangel

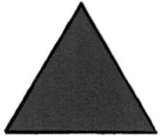

segitiga
triangel

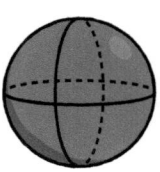

sfera
sfär

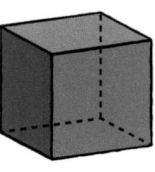

kiub
kub

putih

vit

kuning

gul

oren

orange

merah jambu

rosa

merah

röd

ungu

lila

biru

blå

hijau

grön

coklat

brun

kelabu

grå

hitam

svart

banyak / sedikit

mycket / lite

marah / tenang

arg / lugn

cantik / hodoh

vacker / ful

bermula / tamat

början / slut

besar kecil

stor / liten

terang / gelap

ljus / mörk

abang / kakak

bror / syster

bersih / kotor

ren / smutsig

lengkap / tidak lengkap

komplett / ofullständig

hari / malam

dag / natt

mati / hidup

död / levande

luas / sempit

bred / smal

boleh dimakan / tidak boleh dimakan
································
ätlig / oätlig

jahat / baik
················
ond / god

teruja / bosan
················
upphetsad / uttråkad

gemuk / kurus
················
tjock / smal

pertama / terakhir
················
först / sist

kawan / musuh
················
vän / fiende

penuh / kosong
················
full / tom

keras / lembut
················
hård / mjuk

berat / ringan
················
tung / lätt

lapar / dahaga
················
hunger / törst

sakit / sihat
················
sjuk / frisk

menyalahi undang-undang / undang-undang
················
olaglig / laglig

pintar / bodoh
················
intelligent / dum

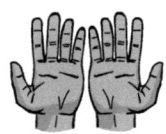

kiri / kanan
················
vänster / höger

dekat / jauh
················
nära / långt bort

baru / lama

ny / begagnad

tiada / sesuatu

inget / något

tua / muda

gammal / ung

hidup / mati

på / av

terbuka / tertutup

öppen / stängd

diam / bising

tyst / högljudd

kaya / miskin

rik / fattig

betul / salah

rätt / fel

kasar / halus

grov / slät

sedih / gembira

ledsen / glad

pendek / panjang

kort / lång

lambat / laju

långsam / snabb

basah / kering

våt / torr

panas / sejuk

varm / sval

berperang / berdamai

krig / fred

0

sifar

noll

1

satu

ett

2

dua

två

3

tiga

tre

4

empat

fyra

5

lima

fem

6

enam

sex

7

tujuh

sju

8

lapan

åtta

9

sembilan

nio

10

sepuluh

tio

11

sebelas

elva

12

dua belas

tolv

13

tiga belas

tretton

14

empat belas

fjorton

15

lima belas

femton

16

enam belas

sexton

17

tujuh belas

sjutton

18

lapan belas

arton

19

Sembilan belas

nitton

20

dua puluh

tjugo

100

ratus

hundra

1.000

ribu

tusen

1.000.000

juta

miljon

Bahasa Inggeris

engelska

Bahasa Inggeris Amerika

amerikansk engelska

Bahasa Cina Mandarin

kinesisk mandarin

Bahasa Hindi

hindi

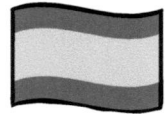

Bahasa Sepanyol

spanska

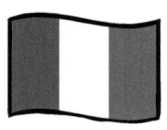

Bahasa Perancis

franska

Bahasa Arab

arabiska

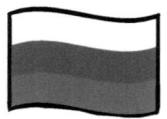

Bahasa Rusia

ryska

Bahasa Portugis

portugisiska

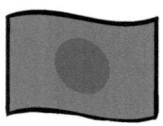

Bahasa Benggali

bengali

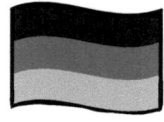

Bahasa Jerman

tyska

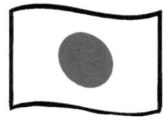

Bahasa Jepun

japanska

saya

jag

anda

du

dia / dia / ia

han / hon / den (det)

kita

vi

anda

ni

mereka

de

siapa?

vem?

apa?

vad?

bagaimana?

hur?

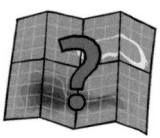

di mana?

var?

bila?

när?

nama

namn

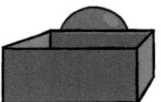

belakang

bakom

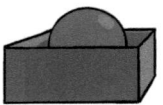

dalam

i

di hadapan

framför

lebih

över

pada

på

di bawah

under

bersebelahan

bredvid

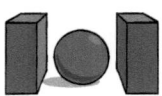

antara

mellan

tempat

plats